Claudia Edermayer

DANUBIUS SAGENWELT

Neue Helden und Sagen aus dem Reich der Kelten

Claudia Edermayer

DANUBIUS SAGENWELT
Neue Helden und Sagen aus dem Reich der Kelten

Inhaltverzeichnis

Vorwort 7
Göttin Danu – Die Ankunft 11
Der Herr der Tiere 19
Der Bärensohn 27
Der Wackelstein 37
Die Reise zu den Feen 45
Der Werwolf 55
Der Barde 63
Der Überfall 73
Die Rückkehr 83

Glossar 89
Quellenangaben 94

Vorwort

Der Donausagen Park mit seinen mystischen Sagenfiguren des Künstlers Fahrner aus Wesenufer ist mein persönliches Highlight des IKUNA Mystic Parks. Ich freue mich sehr, dass diese – im wahrsten Sinne des Wortes – fabelhaften Gebilde ihren Platz bei IKUNA gefunden haben.

Die Skulpturen sind aus verschiedensten Altmetall-Teilen angefertigt. Die Elemente der Stahlplastiken haben ihre eigene unverwechselbare Geschichte. Altes Werkzeug, Pflüge, Schrauben, Räder und dergleichen sind in den Kunstwerken zu finden. Diese historischen Teile fügen sich in einem neuen Kontext in den Kunstwerken zusammen und werden dort in eine völlig andere Welt integriert.

Ähnlich verhält es sich mit mythologischen Erzählungen. Geschichten aus der Vergangenheit werden in der Gegenwart erzählt und werden durch diese neue Interpretation wieder zum Leben erweckt. Die Linzer Märchenerzählerin Claudia Edermayer nimmt den Leser durch ihre vielschichtigen Blickwinkel auf die keltische Lebensweise mit auf die Reise in eine längst vergangene und doch noch immer hoch interessante Zeit.

A. Schmidbauer mit dem Künstlerpaar A. und G. Fahrner

Die Verbindung mit vergangenen Lebenswelten ist auch für Fahrner von zentraler Bedeutung. Die Skulpturen schöpfen ihre Kraft sowohl formal als auch inhaltlich aus der Energie der Elemente, die sie in sich tragen. Darum ist es kein Zufall, dass mythologische Themen für den Künstler besonders anziehend sind.

Die keltische Mythologie, die Erzählungen unserer Vorfahren, ist leider weitgehend verloren gegangen. Diese Lücke reizt den Bildhauer Fahrner ganz besonders diesem Wissen nachzuspüren und es wieder zu beleben. Für ihn ist natürlich eine Skulptur der beste Weg an dieses Wissen wieder anzuschließen und es dadurch aus den Tiefen hervorzuheben und über diesen königlichen Weg die verschütteten Inhalte neu zu beleben.

Ich wünsche Ihnen eine berührende und wunderschöne Reise in die versunkene Welt der Donaukelten.

Ihr
Dr. Albert Schmidbauer
Eigentümer IKUNA Naturresort

Die Kelten

WUSSTEN SIE, DASS …

… das Wort „Kelte" aus dem Griechischen stammt und „Großgewachsener", „Mächtiger" oder „Starker" bedeutet?

Es gab kein einheitliches keltisches Volk. Vielmehr bestand es aus verschiedenen Stämmen, die in Teilen ihrer Lebensweise übereinstimmten, z. B. in der Kunst, Kleidung, Religion oder Sprache (Inschriften, überlieferte Orts- und Flurnamen).

Göttin Danu – Die Ankunft

Erschöpft rastete die kleine Gruppe von Kelten am Ufer der Donau. Seit vielen Wochen schon suchten sie nach einer neuen Heimat. Während sie ihre Zelte für die Nacht aufschlugen, zog der Druide Darach seine Wünschelrute hervor. Langsam wanderte er über das Land und befragte die Erde. Hatten sie diesmal ein neues Zuhause gefunden?
Plötzlich hielt er an. Im Schilf weinte jemand! Darach ließ die Wünschelrute fallen und folgte dem Geräusch. Eine junge Frau mit langen, roten Haaren stand bis zur Hüfte im Wasser. Wollte sie sich etwa ertränken?
„Nicht!", sagte der Druide leise.
Die junge Frau drehte sich erschrocken um, dabei glitt sie aus. Darach sprang auf sie zu und packte sie am Arm. Sie wehrte sich, doch er war stärker. Schritt für Schritt zog er sie zurück ans Ufer.
„Warum hast du mich gerettet, Druide?", fragte sie nach einer Weile traurig.

„Warum wolltest du dein Leben beenden? Erzähle mir von deinem Kummer", sagte er sanft.
„Jemand wie du ist schuld an meinem Unglück! Ich habe ein Verbot unseres Druiden übertreten, darum haben meine Leute mich verstoßen. Jetzt lass mich gehen. Ich bin zu nichts nütze."
Sie blickte Darach trotzig an. Ihre Lippen waren von der Kälte des Wassers blau und sie zitterte am ganzen Körper.
„Dir ist kalt. Komm mit. Unser Lager ist gleich in der Nähe." Zuerst zögerte die junge Frau, doch dann folgte sie ihm. Dass sich aus den Fluten eine Gestalt erhob und ihnen hinterhersah, bemerkten sie nicht.
„Wie heißt du?", fragte Darach.
„Als ich ausgestoßen wurde, habe ich auch meinen Namen verloren."
„Dann werden wir einen neuen für dich finden. So, da sind wir."

Über dem Feuer in der Mitte des Lagers hing ein kupferner Kessel. Es duftete nach gekochtem Wild, Gerstenbrei und Karotten. Dannon, der Anführer, hob den Blick und erstarrte. „Wen hast du mitgebracht, Darach?"
„Ich habe sie beim Fluss gefunden. Sie war in Not geraten und braucht jetzt trockene Kleider. Für heute soll sie unser Gast sein, morgen sehen wir weiter", erwiderte der Druide.

Nachdem sich die Namenlose umgezogen hatte, aß sie schweigend. Dannon wollte sie etwas fragen, doch Darach schüttelte kaum merklich den Kopf.

Nach dem Essen saßen die Kelten noch eine Weile beisammen, erzählten einander Geschichten und sangen Lieder. Schließlich gingen sie schlafen, während zwei Männer am Rand des Lagers Wache hielten. Nur Darach und die Namenlose saßen noch am Feuer.
„Sag, gegen welches Verbot hast du verstoßen?", fragte er.
Ihre Augen füllten sich mit Tränen. „Wenn ich dir erzähle, was geschehen ist, wirst du mich ebenfalls vertreiben", flüsterte sie.
Darach schüttelte den Kopf. „Ich schwöre im Namen des Gottes Lug, dass ich das nicht tun werde."

Die Namenlose seufzte. „Gut. Dann soll es so sein. Der Druide meines Stammes, meines früheren Stammes, ist nicht so freundlich wie du. Aed klammert sich an seine Macht. Wir dürfen nicht mit Göttern und Geistern sprechen. Wer es tut, verliert seinen Namen und wird verstoßen. Das wurde auch zu meinem Verhängnis. Bereits seit meiner Kindheit sprechen die Götter zu mir. Meine Eltern konnten es lange vor Aed verheimlichen. Doch vor drei Tagen überraschte er mich dabei, wie ich am Fluss mit der Göttin Danu sprach. Er zerrte mich an den Haaren vor die Dorfbewohner und

berichtete ihnen, was er gesehen hatte. Alle hatten Angst vor ihm, sogar meine Eltern und meine Geschwister. Und so verstießen sie mich noch am selben Abend. Ich suchte in unserer Nachbarsiedlung Unterschlupf. Doch dort hatten sie bereits von meinem Vergehen erfahren und jagten mich fort. Heute hielt ich die Einsamkeit nicht länger aus. Deshalb wollte ich mein Leben der Göttin hingeben …" Sie schluchzte.
Darach lächelte. „Morgen spreche ich mit Dannon, unserem Anführer. Ich suche schon lange nach einer Schülerin. Er wird sicherlich einverstanden sein, dass du bei uns bleibst, wenn du das auch möchtest. Doch jetzt schlaf erst einmal."

Als die ersten Sonnenstrahlen das Lager berührten, teilte sich plötzlich der Fluss und aus den Fluten erhob sich eine Nixe! Die Haare waren golden, die Schuppen schillerten in den Farben des Regenbogens. Göttin Danu! Als ihre Hände die Erde berührten, verwandelte sich der Fischschwanz in einen Pferdeleib. Mit wildem Lachen galoppierte sie auf das Lager zu.

Die Namenlose schreckte aus dem Schlaf und rüttelte den Druiden wach. „Sie kommt. Danu ist auf dem Weg zu uns!", rief sie.
Ohne zu zögern, weckte Darach die anderen. Die Pferdehufe der Göttin donnerten über die Erde. Sie war atemberaubend schön und überragte sie alle. Die Dorfbewohner erzitterten und warfen sich auf den Boden. Nur

Darach stand noch aufrecht. Er trat der Göttin entgegen und hob die Hände zum Gruß.

„Du hast mir das Opfer gestohlen!", schrie sie empört und zeigte auf die rothaarige junge Frau. „Sie gehört mir!"

Der Druide antwortete: „Ihre Zeit ist noch nicht gekommen, große Göttin. Ich mache sie zu meiner Schülerin. Als Druidin wird sie zwischen unserer und deiner Welt vermitteln. Sie wird uns allen noch große Dienste leisten. Verschwende nicht ihr Leben!"

Danu schüttelte ihre goldenen Locken, schaute Darach stirnrunzelnd an und dann – lächelte sie.

„Gut gesprochen, Druide. Dann soll es so sein. Ich heiße euch am Ufer meines Flusses willkommen." Mit diesen Worten kehrte sie in ihr Wasserreich zurück.

Darach blickte in die Runde und sprach: „Wir bleiben hier."

Dann wandte er sich der Namenlosen zu und legte die Hände auf ihren Kopf. „Birog soll dein neuer Name sein, nach der Druidin aus den alten Mythen. Und nun komm, Schülerin. Wir müssen die richtige Stelle für unsere Siedlung finden!"

Und das taten sie.

So schmausten die Kelten …

WUSSTEN SIE, DASS …

… die Kelten viele verschiedene Getreidesorten anbauten? Aus Gerste, Dinkel, Hafer, Roggen und Hirse buken sie Fladenbrot, brauten Bier oder kochten mit Milch und Butter einen Brei. Dazu gab es verschiedene Wildkräuter und Hülsenfrüchte, Karotten, Kohl, Zwiebeln und Salat. Außerdem sammelten sie Beeren, Nüsse, Kirschen und Honig.

Die Kelten waren auch Fleischtiger. Sie kochten, brieten oder grillten Rind- und Schweinefleisch. Auch Schafe, Ziegen, Pferde, Wild und Hunde verschmähten sie nicht. Um das Fleisch zu konservieren, legten sie es in Salz ein oder räucherten es. Die Stämme, die an Gewässern lebten, aßen außerdem Fisch.

Der Herr der Tiere

Dannon, der Anführer, blickte besorgt in den Himmel.
Nur dunkle Wolken – der Regen würde auch heute nicht aufhören. Der Bau der Siedlung war bereits weit fortgeschritten. In den letzten Wochen hatten sie die Bäume auf der Anhöhe gefällt und das Haupthaus errichtet. Doch der Regen, der jetzt schon tagelang fiel, verwandelte die Erde in tiefen Matsch und an Arbeit war nicht mehr zu denken. Die letzten Vorräte waren verschimmelt und jeden Tag kehrten die Jäger mit enttäuschter Miene in die Siedlung zurück. Es gab kein Wild mehr im Wald. Nur die Kinder hatten mit den Schleudern einige Eichhörnchen erlegt – viel zu wenig, um sich satt zu essen!

In ihrer Not hatten die Dorfbewohner bereits zwei Pferde geschlachtet. Und die Götter? Der Druide und seine Schülerin Birog hatten versucht, mit ihnen zu sprechen. Doch selbst Göttin Danu schwieg. Was hatten sie bloß getan, um sie so zu verärgern? War es doch ein Fehler gewesen, die Ausgestoßene aufzunehmen?

Mànos, der Jäger, lief tiefer in den Wald hinein. Sein Blick wanderte über den feuchten Erdboden. Keine Tierspuren zu sehen. Das Wild war wie vom Erdboden verschluckt. Da! Was war das? Ein Geräusch im Gebüsch. Langsam nahm Mànos einen Pfeil aus dem Köcher und legte ihn an die Sehne an. Ein Ast knackte. Mànos schluckte aufgeregt. Aus dem Gebüsch trat eine schneeweiße Hirschkuh. Das Tier sah ihm furchtlos in die Augen. Wenn er nur nicht daneben schoss! Das Fleisch würde für alle reichen. Seine Frau würde zu Kräften kommen und hätte wieder genug Milch, um das Töchterchen zu stillen. Ihr gemeinsamer Sohn Taog war zum Glück schon 14 Jahre alt. Alt genug, um die Hungerszeit zu überleben. Mànos schüttelte den Gedanken an die Familie ab. Seine Hände zitterten. Was würde der Druide sagen, wenn er die tote Hirschkuh sah? Er hatte ihnen strengstens verboten, heilige Tiere zu schießen!

Immer noch schaute ihn die Hirschkuh an. Ihre Nüstern blähten sich, sogen seinen Geruch ein. Mànos kämpfte mit sich. So ein schönes Tier. Was, wenn er einfach das Fell abzog und versteckte? Mit einem grimmigen Lächeln schüttelte er den Kopf. Der Druide war nicht dumm.
Wieder spannte Mànos den Bogen. „Ich alleine werde für mein Vergehen büßen. Dafür hat mein Stamm zu essen", flüsterte er trotzig. Die Hirschkuh wandte den Kopf, drehte die Ohren und schnaubte. Zwischen den Bäumen tauchte für einen kurzen Augenblick eine Gestalt auf. Was war das gewe-

sen? Mànos rieb sich die Augen. Ein Wesen, halb Tier, halb Mensch? Der Magen des Jägers knurrte. Hatte ihm der Hunger einen Streich gespielt? Er musste schießen! Seine Tochter durfte nicht sterben, weil seine Frau sie nicht mehr stillen konnte. Die Hirschkuh schüttelte den Kopf und schnaubte.

Mànos ließ die Arme sinken. Nein, er durfte das Tier nicht töten. Der Jäger warf einen letzten, bedauernden Blick auf die Hirschkuh und kehrte in die Siedlung zurück. Mit leeren Händen betrat er den Versammlungsraum. Die Dorfbewohner seufzten und sahen enttäuscht zu Boden. Wieder ein Abend ohne Essen! Mànos betrachtete ihre eingefallenen Wangen. Mit Tränen in den Augen wandte er sich ab. Niemand sollte sehen, dass er weinte.
Wo war der Druide? Er musste mit ihm reden.
Mànos suchte überall, doch Darach war nicht aufzufinden.

Der Druide wanderte durch den Wald. Wohin war nur das ganze Wild verschwunden? War das eine Prüfung der Götter?
Er blieb stehen. Es hatte aufgehört zu regnen. Ein goldener Lichtstrahl fiel auf den Boden, die Erde war trocken – seltsam. Diesen Teil des Waldes hatte er noch nie betreten. Hinter ihm knackte ein Ast. Darach drehte sich um und erstarrte. Vor ihm stand eine weiße Hirschkuh! An ihre Seite trat ein sonderbares Wesen – ein nackter, behaarter Mann mit Widder-

kopf. Es war ein Gott! Vielleicht wusste er ihm einen Rat. Darach streckte ihm die Handflächen entgegen und verneigte sich.
„Willkommen in meinem Reich, Druide", sprach das Wesen. „Ich bin der Gott des Waldes, der Herr der Tiere. Einer deiner Jäger hat heute meine weiße Hirschkuh verschont. Ich kenne eure Not. Umso höher schätze ich seinen Verzicht. Ich habe euch geprüft, ob ihr es wert seid, hier zu leben."
Darach wollte etwas sagen, doch der Gott schüttelte den Kopf. „Ich weiß, was du sagen willst, Druide. Danu hat mir alles erzählt. Doch ich wollte mich mit eigenen Augen von eurer Gottesfurcht überzeugen. Nun, ich habe festgestellt, dass Danu sich nicht geirrt hat. Darum mache ich deinem Stamm ein Geschenk. Ab morgen findet ihr in meinen Wäldern reichlich Wild. Solange ihr die weiße Hirschkuh und ihre Nachkommen verschont, wird euch von meiner Seite kein Leid drohen. Und nun zu dir. Kriegerische Zeiten kommen auf euch zu. Ich lade dich ein, eine Weile in meiner Welt zu bleiben. Meine Gabe an dich wird Wissen sein – das Wissen um die Macht der Räucherstoffe und die Kunst der Wandlung. Bist du bereit, Druide?"
Darach lächelte und nickte.
„Gut, dann folge mir."

Als der Druide drei Tage später in die Siedlung zurückkehrte, sah er sich verblüfft um. Die Häuser waren bereits fertiggestellt. In den kleinen Gärten reifte das Gemüse.

„Darach ist zurück!", schrie eine Frau. Ein kleines Mädchen klammerte sich an ihr Bein. Es war die Frau des Jägers mit ihrer Tochter. Wie lange war er fort gewesen?

Die Dorfbewohner umringten den Druiden und riefen durcheinander: „Wo warst du die vergangenen drei Jahre?" „Wir haben geglaubt, dass du gestorben bist." „Nur Birog hat an deine Wiederkehr geglaubt."

Die Menge teilte sich und machte Platz für seine Schülerin. „Ich habe ihnen gesagt, dass du eine Reise zu den Göttern unternommen hast. Aber sie haben mir nicht geglaubt. Willkommen daheim", sagte sie und verneigte sich.

„Wo warst du die ganze Zeit, Druide?", fragte Mànos, der jetzt neben seiner Frau stand.

„Meine Reise habe ich dir zu verdanken, Jäger. Hättest du die weiße Hirschkuh nicht verschont, würde es dieses Dorf wahrscheinlich nicht mehr geben. Der Herr der Tiere hatte mich in sein Reich eingeladen. Mehr darf ich nicht verraten. Doch nun lasst uns feiern!"

An diesem Abend erfüllte Musik die Siedlung. Niemand bemerkte die einsame Gestalt, die das ausgelassene Treiben beobachtete. Der Herr der Tiere seufzte und wandte sich an die Hirschkuh: „Mehr können wir nicht für sie tun. Gehen wir." Dann kehrten die beiden in ihre Welt zurück.

Der Druide – ein wichtiger Teil der keltischen Gesellschaft

WUSSTEN SIE, DASS …

… das Wort Druide „Eichenkundiger" bedeutet? Er war Priester, Seher, Zauberer, Heiler und Richter. Der Druide leitete Opfer und Zeremonien an und beherrschte die Kunst des Verfluchens und der Vorhersage. Dadurch hatte er großen Einfluss auf Herrscher und Stammesführer.

Er erntete auch die seltene Eichenmistel. Dabei musste er den Göttern Opfer darbringen und strenge Vorschriften einhalten. Die heilige Pflanze verwendete er in Elixieren und für magische Rituale.

Der Bärensohn

Der kleine Bär jammerte. Verzweifelt stupste er den Körper seiner toten Mutter an und sog gierig an ihren Zitzen. Enttäuscht heulte er auf. Es kam keine Milch mehr!
Plötzlich hörte er ein Geräusch. Ein Mensch! Der kleine Bär drückte sich an den pelzigen Körper seiner Mutter.
„Was ist denn hier passiert?", murmelte der Mann. Der kleine Bär legte die Ohren an und zitterte.
„Oje, ein Baum hat deine Mutter erschlagen. Keine Angst, Kleiner, ich tu dir nichts." Die Hand des Menschen näherte sich. Der kleine Bär schnupperte vorsichtig daran. Der Mann roch gut. Langsam richteten sich die Ohren wieder auf.
„Du hast Hunger, nicht wahr?" Der Bär hob den Kopf. Der Mann winkte. „Komm. Meine Tochter wird sich um dich kümmern."
Zögernd folgte der kleine Bär ihm. Unterwegs blieb er immer wieder stehen, schnupperte an Pflanzen und Tierspuren. Plötzlich sah er sich misstrauisch um. Es roch nach Feuer. Eine Kinderstimme rief: „Da bist du ja, Papa. Wo warst du so lange?"

Ein Mädchen lief den beiden entgegen. „Ein Bärenkind, wie süß. Was ist mit seiner Mutter passiert?"
„Sie ist tot. Von einem Baum erschlagen. Ich konnte den Kleinen nicht alleine lassen. Kümmerst du dich um ihn, Bearta? Er ist hungrig."
Vorsichtig ging das Mädchen auf den kleinen Bären zu und ließ ihn an der Hand riechen. Kurz darauf saugte er an ihren Fingern. Sie lachte. „Komm mit, ich geb dir was."
Gierig stürzte sich der kleine Bär auf die Schale Ziegenmilch, die Bearta ihm hinstellte, und verschüttete alles. „So geht das nicht." Sie rollte ein Leinentuch zusammen und tränkte es mit der Ziegenmilch. Schmatzend saugte der kleine Bär daran. Es dauerte eine Weile, bis er endlich satt war. Müde schloss er die Augen.
„Du brauchst einen Namen", sagte Bearta und streichelte das weiche Fell. „Ich nenne dich Artan. Du kannst bei mir schlafen."
Die Hunde knurrten, als sie die Hütte betraten. „Aus! Das ist mein Freund Artan. Benehmt euch", sagte Bearta streng. Die Hunde kehrten an ihre Plätze zurück und betrachteten den kleinen Bären misstrauisch. Er legte sich neben das Lager des Mädchens und schlief sofort ein.

Bearta und der Bär wurden unzertrennlich. Es brach ihr fast das Herz, als Artan zu groß für das Haus wurde und in den Wald ziehen musste. Oft trat sie hinter die Siedlung, rief Artan zu sich und erzählte ihm von ihrem Tag.

Im Laufe der Jahre wuchs Bearta zu einer Frau heran. An einem Herbsttag suchte Artan seine Höhle auf, um dort den Winter zu verbringen. Er sehnte sich nach seiner Freundin, nach ihrer Stimme, ihrer Umarmung. Plötzlich riss ihn ein Krachen aus den Träumen. Ein entsetzter Schrei folgte. Bearta war in Gefahr! Der Bär sprang auf und raste nach draußen. Witternd sah er sich um, spitzte die Ohren und knurrte. Es roch nach Blut. In der Nähe heulten Wölfe. Besorgt folgte er dem Geräusch.

An diesem Tag warteten die Eltern vergeblich auf Bearta. „Sie wollte Holz sammeln. Doch wahrscheinlich besucht sie Artan. Es wird Zeit, dass sie endlich heiratet", sagte der Vater.
„Du hast recht. Ein Bär ist ein wildes Tier. Was ist, wenn er ihr etwas zuleide getan hat? So lange ist sie noch nie im Wald geblieben. Du solltest sie suchen", antwortete die Mutter.
Draußen polterte es. Die Mutter riss die Tür auf und wich zurück. Vor ihr stand der Bär. Er hatte eine blutverschmierte Schnauze und in seinem Maul hielt er einen Fetzen vom Kleid ihrer Tochter. „Er hat sie getötet!", kreischte die Mutter.

„Du Ungeheuer!", brüllte der Vater. Der Bär schüttelte den Kopf, schnaubte und lief in den Wald zurück.
Die Männer des Dorfes folgten seiner Spur mit Hunden, Fackeln und wurfbereiten Speeren bis zu einem umgestürzten Baum. Neben Bearta, die stöhnend am Boden lag, stand der Bär.
„Das Ungeheuer will sie fressen!", schrie der Vater entsetzt und hob die Waffe.
Mit schwacher Stimme rief die junge Frau: „Nicht!"
Doch es war zu spät. Der Bär brüllte vor Schmerz, wich aber nicht von Beartas Seite. Die Männer liefen auf sie zu, um sie zu retten und blieben überrascht stehen. Sie war unter dem Baumstamm eingeklemmt. Neben ihr lagen zwei tote Wölfe. Artan hatte sie getötet, um Bearta zu beschützen. Tränen liefen ihr über die Wangen, als sie ihren verletzten Freund streichelte. Dann fiel sie in Ohnmacht.

Während einer der Männer eilig den Druiden holte, hoben die anderen den Baumstamm an und befreiten die junge Frau. Aus Ästen und einem Leinenhemd bauten sie eine Trage. Bearta öffnete die Augen und flüsterte: „Rettet ihn. Bitte." Dann wurde sie erneut bewusstlos.

Der Bär erwachte, sah sich verwirrt um und knurrte. Wo war seine Freundin?
„Sie ist in Sicherheit. Du hast ihr das Leben gerettet. Jetzt kümmere ich mich um dich. Schaffst du es bis zu deiner Höhle?", fragte der Druide. Artan schleppte sich zurück in seinen Unterschlupf. Darach entzündete ein Feuer und versorgte die Wunde.

Unermüdlich wanderte der Druide von Artan zu Bearta und wieder zurück. Er verabreichte Heiltränke und sang Zauberlieder. Während Bearta in der Hütte um ihr Leben kämpfte, rang der Bär in seiner Höhle mit dem Tod.

Viele Tage später erwachte die junge Frau und stöhnte. Die Schmerzen waren kaum auszuhalten. Wäre nur ihr Freund bei ihr! Bearta trank von der Medizin und fiel in einen unruhigen, fiebrigen Schlaf.
Der Bär erhob sich ächzend von seinem Lager. Mühsam schleppte er sich vor die Höhle und streckte sich. Dann trottete er zu der kleinen Siedlung. Als Bearta wieder erwachte, spürte sie neben sich eine vertraute Gestalt. Sie lächelte, als Artan ihre Hand leckte und sich an sie kuschelte. Am Abend befahl die Mutter dem Bären, in die Höhle zurückzukehren. Doch

kaum hatte er Bearta verlassen, stieg ihr Fieber so sehr, dass sie erneut um ihr Leben fürchteten. Von da an durfte Artan an ihrer Seite wachen. Alle im Dorf sprachen von der ungewöhnlichen Liebe.

Eines Abends flüsterte Bearta voll Sehnsucht: „Ach, wärst du nur ein Mensch!"
Darach, der die Worte mit angehört hatte, sah dem Bären nachdenklich in die Augen. Artan nickte und schnaubte.
„Gut, ich werde euch helfen", sprach der Druide. Er holte die Kräuter, die ihm der Herr der Tiere anvertraut hatte und braute einen Zaubertrank. Artan trank gierig und schlief dann sofort ein. Der Druide setzte sich neben das Lager, sang und räucherte. Als der Morgen graute, erwachte Darach aus seiner Trance und lächelte. Zufrieden kehrte er in seine Hütte zurück.

Bearta öffnete die Augen. Alles war still. Sie tastete nach Artan und zuckte überrascht zurück. Wer war das? Der Mann neben ihr richtete sich auf, betrachtete seinen neuen Körper und lachte. Er war ein Mensch!
„Bist du …", flüsterte Bearta.
Artan nickte. Mit tiefer Stimme sagte er: „Ich bin dein Artan" und küsste sie.

Es dauerte noch Monate, bis Bearta wieder gehen konnte. Zärtlich pflegte Artan sie gesund. Ein Jahr später brachte sie einen Jungen zur Welt. Bereits bei seiner Geburt war er außergewöhnlich stark. Später zeichnete er sich durch seinen Mut, seine Treue und Stärke aus.
Die Eigenschaften des Bären wurden von Generation zu Generation weitergegeben bis zum heutigen Tag.

Wackelsteine – ein seltenes Phänomen

WUSSTEN SIE, DASS …

… Wackelsteine an der Unterseite gewölbte Felsen sind, die nur zum Teil auf dem Stein darunter aufliegen? Werden sie bewegt, schaukeln sie auf und ab.

Wie entstehen Wackelsteine?
Tiere und Pflanzen, Wind und Regen, Eis und Schnee verändern die Umgebung. Sie dringen in die Erde und Spalten ein, sprengen Felsen, zersetzen den Stein und schleifen ihn ab. Wo dieser Wind und Wetter ausgesetzt ist, verwittert er mehr. In seltenen Fällen entstehen so Wackelsteine!

Der Wackelstein

Darach, der Druide, wanderte durch den Wald. In dieser Gegend war er noch nie gewesen. Die Bäume ragten besonders hoch in den Himmel, auf ihren Stämmen wuchs Moos, lange Flechten hingen von den Ästen. Es roch nach Erde und Pilzen. Der Druide streichelte die Rinde einer Eiche und lächelte. Die Bäume hier waren uralt. Er kletterte über den Stamm einer umgestürzten Esche.
In der Nähe plätscherte ein Bach. Daneben führte ein Pfad zu einem Felsenturm. Der Weg sah aus wie ein Wildwechsel, obwohl … Der Druide runzelte die Stirn. Was war das? Von den Steinen gingen Kraftwellen aus. Jemand hatte einen Zauber gewirkt! Vorsichtig berührte der Druide den oberen Stein. Er wackelte.
„Mächtiger Felsen, geheimnisvolle Kraft, gib dein Geheimnis preis", sang Darach. Die Vögel verstummten. Plötzlich wurde der Geist des Druiden aus seinem Körper geschleudert – er schwebte nun über dem Wald. Darach sah auf sich selbst hinab, sah seinen Körper, der neben dem Wackelstein zusammengesunken war.
Ein Kraftstoß wirbelte ihn zurück in die Vergangenheit.

Die Felsengruppe verschwand. Aus der Ferne dröhnte Gelächter. Drei junge Riesinnen stapften durch den Wald. Sie trugen etwas in ihren Schürzen.
„Uglia, Oglia, schaut! Hier ist der richtige Platz für unseren Felsenturm!", rief die Älteste.
Mit ihren Füßen wischten die Mädchen Bäume und Steine zur Seite und ließen die Schürzen los. Drei Felsbrocken stürzten zu Boden, sodass er erbebte. Die Riesenmädchen lachten.
Uglia ebnete mit der Faust die Erde. „Leg deinen Stein hierher, Aglia!"
Die Älteste legte ihren Felsen darauf und betrachtete ihn stirnrunzelnd.
„Ich weiß nicht. Ist der nicht zu buckelig?"
„Ach was, das geht schon!", rief Oglia. Doch als sie ihren großen Stein darauf legte, kullerte er zu Boden.
„Wir nehmen meinen", sagte Uglia. Doch auch ihr Felsen wackelte auf dem anderen und wackelte und …
„Er rutscht!", rief Aglia.
Polternd fiel der Stein auf die Erde.
Oglia rief: „Meiner muss unten liegen!"
Aglia riss den Felsbrocken aus der Erde.
Oglia legte ihren Stein an die Stelle. Doch als Uglia den ihren darauf legte, wackelte er und wackelte und … begann zu rutschen.
„So ein Mist!" Uglia stemmte die Hände in die Hüften.

„Ein Zauber muss her!", riefen die drei Riesenmädchen wie aus einem Mund.
Doch welcher passte?
Fehu, der Zauber der zuerst zerstört und dann wieder neu erschafft?
Isa, der Zauber des Stillstands?
Oder doch Dagaz, der Zauber, der die Gegensätze vereint?
Nachdenklich kratzten sie sich die Köpfe, überlegten hin und her, doch sie wurden sich nicht einig.
Schließlich legte Uglia ihren Felsen obenauf und rief: „Dagaz!"
Oglia schrie: „Fehu!" und Aglia zur gleichen Zeit: „Isa!".
Der Stein wackelte ein wenig und …
… begann zu flimmern. Die drei Riesenmädchen blickten einander erschrocken an. Was hatten sie getan? Sie sahen sich um. Zum Glück hatte niemand ihr Treiben bemerkt. Sie rafften die Röcke und liefen fort.

Darach, dessen Geist alles beobachtet hatte, schwebte näher an den flimmernden Felsenturm heran. Die Riesenmädchen hatten eine Pforte zur Feenwelt geschaffen. Zwei Reiter näherten sich von der anderen Seite. Sie hatten blonde Haare und spitze Ohren. In den Händen hielten sie Bögen, über ihren Schultern hingen Köcher. Feenkrieger! Die beiden Reiter sahen sich neugierig um. „Das Tor führt in die Welt der Sterblichen", sagte der eine.

„Sollen wir nachsehen, was sich dahinter befindet?", fragte der andere.
„Nein, wir müssen es der Feenkönigin erzählen. Sie weiß, was zu tun ist."
Der Feenkrieger winkte, das Portal verschwand und an seiner Stelle stand wieder der Felsenturm.
Jemand lachte.
Der Druide schaute sich verwirrt um. Doch niemand war zu sehen. Das Gelächter kam aus der Gegenwart!

Darach schnippte mit den Fingern und sein Geist kehrte in seinen Körper zurück. Mühsam richtete er sich auf und blinzelte verwirrt. Der Wackelstein flimmerte. Jemand hatte das Portal erneut geöffnet! Die Stimmen wurden lauter.
Der Druide murmelte: „Ich bin Luft und Licht. Ich bin Baum und Schatten. Ich bin unsichtbar für das Feenvolk."
Eine Gruppe Reiter erschien. An ihrer Spitze ritt die Feenkönigin. Sie sah sich aufmerksam um und runzelte die Stirn.
„Was ist los?", fragte der Feenmann neben ihr.
„Ich weiß nicht. Mir war, als hätte ich einen Menschen gespürt. Aber nun ist er weg. Wahrscheinlich habe ich mich getäuscht", antwortete sie.
„Ich muss die ganze Zeit an das schöne Menschenmädchen denken, das wir heute gesehen haben", sagte der Feenmann. „Ich will sie kennenlernen, mit ihr tanzen, mit ihr speisen."

„Ja, ich habe bemerkt, dass sie dir gefällt. Aber sie muss freiwillig mit dir kommen. Das weißt du. Sonst kann sie unser Reich nicht betreten", antwortete die Feenkönigin.
Ihr Begleiter seufzte.
„Keine Sorge, ich werde mir etwas überlegen. Doch nun lass uns nach Hause zurückkehren, bevor uns jemand entdeckt", sagte die Herrscherin des Feenreichs.
Die Reiter kehrten in ihre Welt zurück. Die Pforte schloss sich. An ihre Stelle trat wieder der Wackelstein. Vogelgezwitscher erfüllte den Wald.
Der Druide löste den Unsichtbarkeitszauber. Sein Herz raste. Der Feenmann hatte sich in ein Menschenmädchen verliebt! Hoffentlich stammte es nicht aus seiner Siedlung.
Darach überlegte. Sollte er den Dorfbewohnern davon erzählen? Er schüttelte den Kopf. Nein, das war keine gute Idee. Sie würden sich sofort auf den Weg hierher machen. Alle träumten von einer Begegnung mit den Feen, glaubten an ihren guten Einfluss. Doch sie hatten keine Ahnung von den Gefahren des Feenreiches. Nein, er alleine musste die Bürde der Verantwortung auf sich nehmen. Nicht einmal seine Schülerin Birog durfte etwas davon erfahren. Gedankenversunken eilte Darach zu seiner Hütte zurück, um Vorbereitungen zum Schutz der Dorfbewohner zu treffen.

Beltane und Samhain

> **WUSSTEN SIE, DASS …**
>
> … Beltane der Beginn der hellen Jahreszeit war? Die Kelten feierten das neue Jahr in der Nacht vom 30. April auf den 1. Mai. Sie trieben Tiere zwischen Lagerfeuern hindurch, um deren Gesundheit und Fruchtbarkeit zu erhalten und sprangen selbst über die Flammen. Noch heute feiern wir die Walpurgisnacht und stellen Maibäume auf.
>
> Samhain hingegen war der Anbruch der dunklen Jahreszeit. Der Feiertag, den wir heute als Allerheiligen oder Halloween kennen, wurde in der Nacht vom 31. Oktober auf den 1. November begangen. Es heißt, dass zu Beltane und Samhain die Schleier zwischen den Welten besonders dünn sind. Feen und Hexen, Gespenster und Geister ziehen dann übers Land.

Die Reise zu den Feen

Die drei Mädchen liefen kichernd durch den Wald. Immer wieder blieben sie stehen, um Bärlauch für das Beltanefest zu pflücken.
„Na, Máire, wirst du Bean heute Abend küssen?", fragte Ébha.
Máire errötete.
„Er mag dich", neckte auch Catrìona sie.
„Wenn du willst, dass er dich unwiderstehlich findet, musst du dir beim ersten Kuss ein Stück Baldrianwurzel in den Mund stecken. Meine Mutter hat das mit meinem Vater gemacht und er ist ihr immer noch ergeben", sagte Ébha und zwinkerte ihr zu.
Plötzlich blieb Catrìona stehen. Sie schloss die Augen und lauschte aufmerksam.
„Alles in Ordnung mit dir?", fragte Máire besorgt.
„Hört ihr es denn nicht? Seid mal still", flüsterte Catrìona.
Tatsächlich. Über dem Rauschen der Blätter lag eine feine, süße Melodie.
„Suchen wir die Musikanten. Ich möchte tanzen!", rief Catrìona verzückt.
Ohne sich um ihre Freundinnen zu kümmern, folgte sie dem Klang. Die Musik lockte sie zu einem Wackelstein. Die Felsen flimmerten und bildeten

ein Tor. Es duftete nach Rosen und Apfelblüten. Catrìona durchschritt die Pforte.
„Warte!", riefen ihre Freundinnen. Sie huschten hinterher und blieben mit offenem Mund stehen. Vor ihnen erstreckte sich ein blühender Apfelhain, der von Rosenhecken umgeben war. Die Äste der Bäume waren aus Silber und klirrten leise im Wind.
Hinter ihnen schloss sich die Pforte zur Menschenwelt.

Mànos, der Jäger, trat zu den Felsen. Verwundert rieb er sich die Augen. Hatte er geträumt? Waren nicht eben noch die drei Mädchen zu sehen gewesen? Als er den oberen Stein berührte, wackelte dieser sachte. Der Jäger umrundete die Felsen, konnte aber niemanden entdecken. Da bemerkte er Catrìonas Haarband, das sich in einem Busch verfangen hatte. Er steckte es ein und eilte zur Hütte des Druiden. Darach würde wissen, was zu tun war!
„Druide, bist du daheim?", rief er außer Atem, als er bei ihm ankam. Aus der Hütte trat Birog. „Was ist geschehen?", fragte die Schülerin des Druiden.
„Máire, Catrìona und Ébha sind in Gefahr. Sie sind verschwunden", sagte Mànos.
„Komm mit, Darach ist in der Siedlung. Er beaufsichtigt die Vorbereitungen zum Beltanefest", erwiderte Birog.

Die beiden eilten ins Dorf. Mànos erzählte dem Druiden von seiner Beobachtung. Darach nickte und sagte: „Birog, kümmere du dich um das Fest! Ich suche die drei, bevor es zu spät ist."

In seiner Hütte warf sich der Druide ein schneeweißes Kleid über, hängte sich das Weißdornamulett um den Hals und nahm den Haselstab. Dann eilte er zu dem Felsen, hob die Arme und sang:
„Ich beschwöre dich mächtiger Felsen,
mächtig sei das Tor in die fremde Welt,
fremd sei ich in diesem wundersamen Land,
wundersam seien die weiten Wege,
weites Tor öffne dich!"
Er klopfte dreimal auf den Stein. Der Felsen flimmerte, die Pforte zur Welt der Feen öffnete sich.

„Ist das schön hier!", rief Máire und berührte die silbernen Apfelzweige.
„Wir müssen weiter", sagte Catrìona.
„Aber wir haben noch nicht alles gesehen", erwiderte Ébha empört.
Ihre Freundin neigte den Kopf und lauschte. „Hört ihr es nicht? Die Feenkönigin lädt uns zum Beltanefest ein. Von mir aus könnt ihr hierbleiben. Ich gehe hin."

Máire und Ébha warfen einen letzten Blick auf die klingenden Bäume, dann folgten sie Catrìona.

Kurz darauf betraten sie eine Lichtung. Neben einer Quelle saß ein Musikant und spielte Harfe. In Samt und Seide gekleidete Männer und Frauen tanzten zu seiner Musik.
Eine Frau löste sich aus der Gruppe. Sie trug ein mitternachtsblaues Kleid. Eine Krone aus Tautropfen zierte das blonde Haar.
„Willkommen in meinem Reich. Tanzt und feiert mit uns!", rief sie und klatschte in die Hände.
Die Musik änderte sich, wurde lockender. Ein Feenmann trat auf Catrìona zu und verneigte sich vor ihr. Das Mädchen errötete und nahm schüchtern seine Hand.
„Was ist mit euch beiden? Seid ihr hungrig?", fragte die Feenkönigin.
Sie zeigte auf eine kunstvoll verzierte Decke, auf der goldene Teller mit Früchten und süßem Gebäck lagen. Daneben stand eine kristallene Karaffe mit blutrotem Wein.
Die beiden Mädchen sahen einander an und lächelten.
„Gerne", sagte Ébha.
Als sie nach den Speisen griffen, zerriss eine Stimme den Wohlklang der Musik. „Halt!"

Plötzlich war Darach da, trat auf die beiden zu und schlug ihnen die Äpfel aus den Händen. „Wenn ihr die Speisen der Feenwelt zu euch nehmt, seid ihr für immer an sie gebunden!"

„Du wagst es, deine Stimme gegen mich zu erheben, Sterblicher? Du traust dich, meine Lustbarkeiten zu unterbrechen und meine Gäste zu stören? Na warte!"

Erzürnt hob die Feenkönigin ihre Hand. Ein Sturm kam auf, umtoste den Druiden und drohte, ihn niederzuwerfen. Darach griff nach seinem Amulett und hob den Haselstab. „Bei der Macht des Weißdorns, bei der Kraft der Hasel, gib sie frei!"

Der Wind legte sich mit einem Schlag. Das Feenvolk kreischte.

Catrìona blickte sehnsüchtig zu dem Feenmann, der sich von ihr gelöst hatte.

„Ihr drei, hinter mich, sofort!", rief der Druide.

Máire und Ébha eilten zu ihm, während Catrìona ihm einen zornigen Blick zuwarf.

„Du auch, Catrìona!", befahl er ihr. Als sie sich immer noch nicht rührte, sprang Ébha auf sie zu und zog sie mit sich. Mit erhobenem Haselstock in der einen und dem Amulett in der anderen Hand trat der Druide den Rückzug an.

Catrìona wollte sich befreien, doch ihre beiden Freundinnen zerrten sie weiter. Sie taten einen letzten Schritt und standen wieder auf der anderen Seite des Wackelsteins.
„Zum Glück habt ihr nichts gegessen. Und jetzt kommt", sagte Darach.
Catrìona weinte, drückte sich gegen den Felsen, doch der Eingang zur Welt der Feen blieb verschlossen.
Schließlich löste sie sich von dem Stein und folgte den dreien mit bleichem Gesicht.

Birog eilte auf ihren Lehrer zu und verneigte sich vor ihm. „Du hast sie gerettet. Erzähl!"
Die Dorfbewohner umringten die drei Mädchen. Aufgeregt riefen sie durcheinander: „Wart ihr bei den Feen?" „Wie sind sie?" „Sind sie schön?" „Wie sieht es dort aus?"
Lächelnd beantworteten Máire und Ébha die Fragen, während Catrìona schwieg.

Als es Nacht geworden war, entzündeten sie die Feuer. Männer und Frauen reichten einander die Hände und umtanzten die Flammen.

Der Druide und Birog trieben das Vieh zwischen zwei Feuern hindurch, die Liebespaare verschwanden kichernd in den Büschen. Máire küsste Bean und Ébha tanzte mit Taog. Nur ihre Freundin saß still abseits.

Von Tag zu Tag wurde Catrìona dünner und blasser. Einige Monate später, am Abend des Festes Lugnasad legte sie plötzlich den Kopf zur Seite und lachte. Dann lief sie, ohne sich um die besorgten Blicke ihrer Freunde zu kümmern, in den Wald. Der Wackelstein flimmerte und bildete ein Tor. Der Feenmann empfing Catrìona mit einem Lächeln und reichte ihr einen roten, makellosen Apfel. Das Mädchen biss in die saftige Frucht und seufzte.
Hinter ihr schloss sich die Pforte.
In der Menschenwelt wurde Catrìona seit diesem Tag nie wieder gesehen.

Werwölfe – Wolfskrieger

WUSSTEN SIE, DASS ...

… in der keltischen Sagenwelt immer wieder von Werwölfen und hunds- bzw. wolfsköpfigen Kriegern die Rede ist?

Doch wie wird jemand zum Werwolf?
Mit Hilfe von Zaubertränken, Hexensalben, Werwolfsteinen, magischen Gürteln oder Wolfshemden, durch den Biss eines Werwolfes oder als Strafe für eine böse Tat!

Der Werwolf

Vorsichtig näherte Faolan sich der Lichtung. Er hörte zu, wie der Druide zu den versammelten Kriegern sprach: „Heute ist die längste Nacht des Jahres, die Wintersonnwende. Es ist auch die Nacht der Wolfskrieger. Lernt die Stärke der Wölfe kennen, nehmt ihre Instinkte, ihre Kraft in euch auf. Dieser Trank hier wird euch bei der Verwandlung helfen." Einer nach dem anderen trank aus der Schale des Druiden. Sofort überzog dichtes Fell die Arme und Beine der nackten Männer, Nasen formten sich zu Schnauzen, rotes Licht glomm in ihren Augen. Wie auf ein geheimes Zeichen hin hoben die Wölfe die Köpfe, heulten und jagten davon.

Faolan war mit seinen zehn Jahren noch viel zu jung, um Krieger zu werden. Das meinte zumindest sein Vater. Aber er würde allen das Gegenteil beweisen! Er kroch zu der Schale, die der Letzte zu Boden geworfen hatte, tauchte den Finger in die Überreste des Zaubertrankes und steckte ihn in den Mund. Das Gebräu war bitter, schmeckte nach Kräutern und Blut. Faolan leckte die Schale aus und blickte erwartungsvoll an sich herab. Ein pelziges Gefühl überzog seine Zunge.

Plötzlich schnaubte ein Tier. Mit wildem Blick sah Faolan sich um, seine Nase blähte sich. Ein Reh stand am Waldrand! Wie ein Blitz schoss der Junge auf das Tier zu und verfolgte es durch den Wald. Mit gefletschten Zähnen sprang er dem Reh an die Kehle. Das Blut war warm, schmeckte wild und süß. Faolan schmatzte zufrieden.

Das Licht der Morgendämmerung fiel durch das Fenster. Faolan blinzelte. Was für ein seltsamer Traum. Der Junge richtete sich auf und stöhnte.
In seinem Kopf pulsierte der Schmerz, vor seinen Augen flimmerte es. Ohnmächtig sank er zurück.
Die Stimme seiner Mutter weckte ihn. „Faolan! Hörst du mich? Trink, das hilft gegen das Fieber." Der Junge nippte am Tee, den sie ihm reichte, dann überfiel ihn der Schlaf.
Immer wieder rissen ihn kalte Umschläge aus wilden Träumen, unterbrach der Klang von Menschenstimmen seinen Schlaf.

Als Faolan sich schließlich mitten in der Nacht aufrichtete, fiel heller Mondschein auf sein Lager. Er fühlte sich so stark wie schon lange nicht mehr. Leise glitt er von dem Strohsack, der ihm als Bett diente, und öffnete die Tür. Die Luft war kalt. Ein Schauer der Erregung lief über seinen Rücken. Am Waldesrand äste ein Rudel Rehe. Die Tiere waren schön und stark. Verwirrt sah sich Faolan um. Das Schaffell, das seinen Körper vor der

Kälte geschützt hatte, war zu Boden geglitten, seine Stirn war heiß. Er griff nach der Schale Wasser und trank, um den metallischen Geschmack zu vertreiben, schloss die Tür und wankte zurück ins Bett.
In den nächsten Tagen besserte sich Faolans Zustand. Das Fieber verschwand und sein Appetit kehrte zurück.

Einige Tage später spielte er mit den anderen Kindern am Rand der Siedlung. Während seine Freunde kicherten und mit den Mädchen scherzten, schaute er neugierig umher.
„Faolan, was machst du da?", rief ein Mädchen entsetzt.
Der Junge sah sich irritiert um, dann klärte sich sein Blick. Vor ihm lag ein totes Eichhörnchen mit zerfetzter Kehle.
„Ich hab bloß Wolf gespielt, ein bisschen geschnuppert. Das war schon tot", beruhigte er sie.
„Und warum hast du Blut auf den Lippen?", fragte ein Junge ängstlich.
„Damit wollte ich euch nur erschrecken. Aber keine Angst, ich tu euch nichts", sagte Faolan und fletschte die Zähne, um zu lächeln.
„Ich will heim", flüsterte das Mädchen und lief zusammen mit den anderen Kindern fort. Dabei sahen sie sich immer wieder um, ob er ihnen folgte.
Faolan setzte sich auf den Boden und weinte. Was war bloß mit ihm los? Er erkannte sich selbst nicht mehr! Mit gesenkten Schultern kehrte auch er nach Hause zurück.

In der folgenden Nacht wachten der Jäger Mànos und der Druide Darach am Waldesrand. Ein Wolf hatte viele Rehe gerissen und es war nur noch eine Frage der Zeit, bis er einen Menschen verletzte. Diesmal würden sie ihn erledigen.

„Du glaubst, dass es kein gewöhnlicher Wolf ist, nicht wahr?", fragte der Jäger.

Darach hob die Hand. Da war der Wolf, auf den sie warteten. Witternd streckte er die Schnauze in die Luft und knurrte. Dabei glommen seine Augen wie kleine Feuer. Mànos zuckte zusammen. Es waren Menschenaugen! Der Jäger spannte den Bogen. Seine Hände zitterten. Doch Darach schüttelte den Kopf und hob seinen Haselstab.

„Lass mich dir helfen!", rief der Druide dem Wolf zu.

Das Tier wich zurück und knurrte.

„Du bist es, Faolan, nicht wahr?", fragte der Druide sanft.

Der Werwolf winselte.

„Ich habe etwas, das dir hilft." Er schüttete einige getrocknete Kräuter auf seine Hand und streckte sie dem Werwolf entgegen. Das Tier sträubte sich, knurrte, winselte. Doch der Mensch in ihm war stärker. Faolan sog den Duft der Sommerkräuter ein und schleckte über die Hand des Druiden.

Mit weit aufgerissenen Augen und Schaum vor dem Maul wand sich der Werwolf nun auf dem Boden. Seine Schnauze zog sich zurück, wurde zu einer Kindernase. Das Fell wandelte sich in helle Haut. Faolan richtete sich auf und fletschte die Reißzähne. Dann fiel er ohnmächtig zur Seite.

Am nächsten Morgen weckte ihn der Gesang des Druiden. Faolan rieb sich die Augen. Er lag zu Hause in seinem Bett. Sein Magen knurrte.
„Ich habe Hunger", sagte der Junge. „Aber bitte kein Fleisch. Nur Hirsebrei oder Brot."
Darach trat an sein Lager und lächelte. „Du bist wieder gesund, Faolan. Lange Zeit warst du krank, gefangen in zweierlei Gestalten. Jetzt bist du wieder ganz Mensch. Dennoch werden manche Kräfte des Wolfes bei dir bleiben. Deine Nase wird empfindlicher für Gerüche sein, mit deinem Geschmackssinn und deinem Gehör wirst du die anderen Menschen weit übertreffen. Zu Beginn wird es dir vielleicht Angst machen. Mit der Zeit aber wirst du dich daran gewöhnen. Scheu dich nicht, zu mir zu kommen, wenn du Hilfe brauchst."
Mit diesen Worten verabschiedete sich Darach und kehrte in seine Hütte zurück.

Der Barde – mächtiger Dichter, Sänger und Geschichtenerzähler

WUSSTEN SIE, DASS ...

... der Barde mit seinen Worten Fürsten und Könige erhöhen konnte? Doch wehe denen, die seine Kunst nicht schätzten oder ihn nicht gebührend empfingen! Diese richtete er mit Spott und Schmähliedern zugrunde, sodass niemand mehr etwas mit ihnen zu tun haben wollte.

Die Macht eines Barden war so groß, dass er sogar zwischen zwei Heere treten und Frieden stiften konnte!

Der Barde

„Schieß endlich", flüsterte Mànos.
Sein Sohn zögerte. Das Reh war wunderschön. Es hob witternd den Kopf, als spürte es die Gefahr.
„Schieß", flüsterte der Jäger noch einmal.
Taog ließ den Bogen sinken. Ein Ast knackte unter seinem Fuß und das Reh flüchtete.
„Das hast du absichtlich getan!", schrie Mànos. Taog wurde rot und blickte beschämt zu Boden.
„Wie soll jemals was aus dir werden? Wie willst du deinen Beitrag zu unserem Lebensunterhalt leisten, wenn du es nicht einmal schaffst, ein Tier zu töten? Geh mir aus den Augen. Wir sprechen uns heute Abend!"
„Aber …"
„Halt den Mund, sonst …!" Wutentbrannt hob der Jäger seine Hand. Taog zuckte zusammen und drehte sich mit Tränen in den Augen um. Mànos stapfte mit einem verächtlichen Schnauben davon.

Taog wanderte zur Donau und setzte sich dort auf einen Stein. Er starrte in das Wasser. Nichts konnte er seinem Vater recht machen. Wäre er doch nur tot!

Lange Zeit saß er an seinem Lieblingsplatz, dann kehrte er schließlich nach Hause zurück. Seine Mutter atmete erleichtert auf, als er durch die Tür trat. „Da bist du ja. Ich habe dir Gerstenbrei mit Erbsen und Karotten gemacht, dein Lieblingsessen."
„Er sollte Fleisch essen. Das würde seine Meinung ändern", herrschte sie der Vater an.
Schweigend löffelte Taog seinen Brei, während Mànos sich große Stücke aus dem gegrillten Fleisch schnitt. Schließlich rülpste der Jäger, strich sich den Bart glatt und sagte: „Ich habe nachgedacht. Nachdem du als Jäger nicht zu gebrauchen bist und die Arbeit auf den Feldern fast beendet ist, sollst du von jetzt an die Schweine hüten. Ich habe bereits mit den anderen geredet. Und wage es ja nicht, dich mir zu widersetzen."

Am nächsten Morgen ging Taog von Stall zu Stall und sammelte die Schweine des Dorfes ein. „Muc, Muc!", rief er lockend. Sobald die Tiere seinen Ruf vernahmen, quiekten sie voll Freude. Endlich durften sie in den Wald! Dort durchwühlten sie mit ihren Schnauzen die dunkle Erde, fraßen Eicheln und Bucheckern, Würmer und Schnecken, Wurzeln und Pilze.

Taog setzte sich auf einen Stein und beobachtete sie. Wäre er doch wie sie! Ohne Sorgen, ohne Zweifel, ohne Verpflichtungen. Wenn er doch nur ein Tier töten könnte. Doch jedes Mal, wenn er den Pfeil anlegte, dachte er an ihre Leiden. Sie waren Lebewesen wie er. Zum Glück durfte er jetzt die Schweine hüten. Hätte sein Vater geahnt, wie sehr ihm diese Arbeit gefiel, hätte er ihn nicht damit bestraft. Nur seine Freundin Ébha vermisste er. Er hatte ihr versprochen, sie auf der Suche nach Heilkräutern zu begleiten. Hoffentlich war sie nicht böse auf ihn!
Taog zog seine Flöte hervor und spielte. Die Schweine spitzten die Ohren und lauschten. Er dachte an Ébhas Abenteuer in der Feenwelt. Sie war wie verzaubert vom Klang der Harfe gewesen. Ach, wie gerne würde er für Ébha Harfe spielen. Taog setzte die Flöte ab und flüsterte ein Gedicht, das er vor einigen Tagen für sie geschrieben hatte:
„Rote Haare, weiße Haut,
sanfte Klänge umschmeicheln dich.
Meine Finger spielen mit den Saiten,
als wären sie dein Leib."

„Ein schönes Gedicht und ein schönes Lied", sagte eine Stimme hinter ihm. Taog sprang auf. Darach, der Druide, legte ihm die Hand auf die Schulter. „Tut mir leid, dass ich dich erschreckt habe. Hierher also hat dein Vater dich verbannt."

Taog nickte. „Aber mir macht es nichts aus. Ich bin lieber hier, als seine vorwurfsvollen Blicke ertragen zu müssen. So lässt er mich wenigstens in Ruhe."

Der Druide nickte und sah zur Flöte. „Du bist begabt. Deine Worte haben Kraft und deine Musik berührt das Herz. Als Barde könntest du viel bewegen."

Der junge Mann lachte bitter. „Mein Vater ist anderer Meinung."

„Ich könnte dich unterrichten", schlug Darach vor.

„Könntest du mir helfen, eine Harfe zu bauen?", fragte Taog mit leuchtenden Augen.

Der Druide nickte.

„Wann fangen wir an?", rief der junge Mann und sprang auf.

Darach lachte und sagte: „Sofort. Während deine Schweine im Wald nach Futter suchen, machen wir uns an die Arbeit. Wenn du möchtest, kannst du bei mir im Wald wohnen, bis du eine eigene Hütte gebaut hast. Dann kann ich dich auch am Abend unterrichten."

Im Laufe der nächsten Tage suchten sie am Ufer der Donau eine passende Weide. Nachdem sie den Naturgeistern Honigwein geopfert hatten, fällten sie den Baum. Unter Darachs Aufsicht fertigte Taog den Körper der Harfe und bespannte ihn mit Darmsaiten. Als Taog schließlich zum ersten Mal den sanften Klang des Instrumentes hörte, fielen mit einem Schlag alle Zweifel, alle Sorgen von ihm ab. Die Schweine grunzten glücklich und

ließen sich zu seinen Füßen nieder. Sogar ein Wolf, der sich angeschlichen hatte, streckte sich aus und schlief ein. Die letzten Töne verklangen.
„Dein Spiel hat Zauberkraft. Morgen unterrichte ich dich weiter. Es ist Zeit, dass du an deiner Hütte weiterbaust", sagte der Druide.

Einige Tage später setzte Taog sich auf einen Felsen, der in die Donau ragte, und beobachtete den Strom. Die Wolken spiegelten sich auf dem Wasser, manchmal durchbrach ein Fisch die Oberfläche. Taog lächelte und griff in die Saiten. Er spielte ein Lied über die mächtige Göttin Danu, über ihr unterirdisches Reich. Die Harfe sang von ihrer Schönheit und der Kraft des Stromes.
Mit geschlossenen Augen versank Taog in der Musik und spielte, bis seine Fingerkuppen schmerzten. Er seufzte, öffnete die Augen und hielt die Luft an. Aus dem Wasser lächelte ihm die Göttin entgegen!
„Danke für das schöne Lied", sagte sie mit weicher Stimme. „Dein Spiel hat mich sehr erfreut. Nimm als Dank diese Zauberharfe."
Aus den Fluten des Donaustromes stieg eine goldene Harfe. Mit Tränen in den Augen nahm Taog das Instrument in Empfang. Seine Finger glitten über die Saiten. Er legte all seine Freude, all sein Glück in das Spiel. Als er wieder aufsah, war Danu verschwunden.
Taog eilte zur Hütte des Druiden. „Danu hat mir eine Zauberharfe geschenkt!"

Der Druide nickte ernst. „Diese Harfe ist ein mächtiges Instrument. Verwende sie nur dann, wenn du ihre Zauberkräfte benötigst."

Kurz darauf hatte Taog einen schrecklichen Traum. Kreischend stürzte sich ein Schwarm Krähen auf die Dorfbewohner, pickte nach Augen und Mündern. Er versuchte aufzuwachen, doch der Schlaf hielt ihn fest umfangen. Ein klagender Ton durchdrang seinen Alptraum. Taog riss die Augen auf. Die Saiten der Harfe zitterten! Im gleichen Augenblick hörte er den Druiden schreien: „Rasch, das Dorf ist in Gefahr. Nimm die Harfe mit. Los!"
Aus der Siedlung erklangen Schreie.
„Was soll ich tun?", rief Taog verzweifelt.
„Spiel!", befahl Darach.
Die ersten Töne klangen unsicher.
„Schließ die Augen und überlass dich der Musik", sagte der Druide.
Taog ließ sich auf dem Boden nieder und begann zu spielen.
Er vernahm keine Schreie und Kampfgeräusche mehr, dachte nicht mehr an seine Familie oder seine Liebste. Die Zaubermusik schwebte über die Kämpfenden, ermutigte die Freunde, versetzte die Feinde in Angst und Schrecken.

„Es ist vorbei", flüsterte der Druide nach einer Weile. Der letzte Ton verklang und Taog öffnete die Augen. Verwirrt sah er sich um. Die Sonne war bereits aufgegangen! Auf dem Dorfplatz lagen Verletzte, der Boden war voller Blut. Von den Feinden war nichts zu sehen.

Nachdem die Verletzten versorgt waren, sagte Darach zu den Dorfbewohnern: „Taog hat euch heute das Leben gerettet. Er ist nun euer Barde."
Mit Tränen in den Augen kam der Vater auf ihn zu und sagte: „Es tut mir leid, Sohn, dass ich an dir gezweifelt habe. Du bist jederzeit in meinem Haus willkommen."
Taog, der Barde, antwortete: „Ich danke dir. Aber ich werde weiterhin in meiner Hütte im Wald wohnen. Dort ist mein Zuhause. Doch wenn ihr in Gefahr seid, wann immer ihr meine Hilfe braucht, werde ich für euch da sein."
Dann nahm er Ébha an der Hand und sagte: „Wirst du mit mir kommen?"
Und ohne zu zögern, folgte ihm die junge Frau in den Wald.

Die Kelten und der Tod

WUSSTEN SIE, DASS ...

… die Kelten an die Unsterblichkeit der Seele glaubten? Die Verstorbenen wanderten in die Anderswelt, einem Ort der Schönheit und Freude. Manche Sagen berichten auch, dass die Seele zu einer anderen Zeit, in einem neuen Körper wiedergeboren wird.

Die Kelten bestatteten ihre Toten in der Erde oder verbrannten diese und begruben danach die Überreste. Für das Leben in der Anderswelt legten sie den Gräbern Fleisch, Löffel, Messer und Geschirr aus Ton und Metall bei. Je nach sozialer Stellung des Toten wurden mit ihm auch Waffen, Schmuck und Wagen begraben.

Der Überfall

Faolan blickte sehnsüchtig zu der Gruppe Wolfskrieger. Ihre nackten Körper waren mit blauer Farbe bemalt. Die mit Kalk verstärkten Haare standen nach allen Seiten ab. Die Männer hoben ihre Speere und fletschten ungeduldig die Zähne.
Ach, könnte er doch mit ihnen ziehen!
„Beeindruckend, nicht wahr?", fragte Darach, der Druide.
„Darf ich mitgehen?", erwiderte Faolan.
Darach schüttelte den Kopf. „Ich habe eine viel wichtigere Aufgabe für dich. Die schwangeren Frauen, Kinder und Alten brauchen deinen Schutz, Faolan. Beobachte mit Artan den Wald und die Siedlung. Wer weiß, wann die Römer wieder angreifen. Das neue Lager ist zwar gut versteckt, aber man kann nie vorsichtig genug sein. Es darf ihnen nichts passieren."
Faolan nickte ernst. „Du kannst dich auf mich verlassen, Darach."
„Wenn du Hilfe brauchst, wende dich an Birog oder Màire", sagte der Druide.

„Pass gut auf dich auf", sagte Màire und umarmte Ébha.
„Mit einem Beschützer wie Taog kann mir nichts passieren. Du hast doch erlebt, wie er mit der goldenen Harfe unsere Feinde besiegt hat", antwortete Ébha.
„Aber in den Kampf zu ziehen ist etwas anderes", widersprach ihr Màire. „Zum Glück kannst du gut mit dem Schwert umgehen."
„Und du wirst Dannon gut vertreten und auf die Frauen und Kinder aufpassen", sagte Ébha und drückte ihre Freundin ein letztes Mal.

Dannon, der Anführer, trat vor die versammelte Menge. „Wir müssen los. Reiter, aufsitzen! Mögen die Götter uns schützen." Sie schwangen sich auf die Pferde und ritten voran, während ihnen die Wolfskrieger zu Fuß folgten. Die restlichen Dorfbewohner blickten der Gruppe hinterher, bis sie zwischen den Bäumen verschwunden war.
„Gehen wir", sagte Màire zu den Verbliebenen.
Sie kehrten zum Lager im Wald zurück, während Artan und Faolan ihre Spuren verwischten.

Seite an Seite wanderten Màire und Birog umher. In den wenigen Tagen seit ihrem Umzug in den Wald hatte sich die Lichtung verändert. Über geschützten Feuerstellen hingen große Töpfe, in denen Getreide und Fleisch kochten. Vor den Zelten arbeiteten schwangere und alte Frauen an Ledermasken.

„Was ist, wenn uns die Römer hier finden?", fragte Màire besorgt.

Birog legte ihr den Arm um die Schultern. „Wir sind gut gerüstet. Broc und Pòl unterrichten uns im Umgang mit Schwertern, Speeren und Schleudern. Auch wenn die beiden kaum mehr gehen können, sind sie ausgezeichnete Lehrer. Die Masken werden unsere Feinde verwirren, sollten sie uns angreifen."

Màire seufzte. „Ich konnte Catrìona nicht davon abhalten, zu den Feen zurückzukehren. Wie soll ich so viele Menschen vor der Vernichtung beschützen?"

„Das war nicht deine Schuld, sondern ihr eigener Wille. Catrìona ist dem Zauber der Feenwelt erlegen. Selbst Darach konnte ihr nicht helfen. Außerdem bist du nicht allein. Ah, da sind wir ja. Wie geht es dir, Bearta?"

Die schwangere junge Frau streckte sich und stöhnte. „Mein Bauch ist mir andauernd im Weg. Was sagt ihr zu meiner Maske?"

Sie reichte den beiden die Ebermaske.

„Die sieht aus, als wäre sie lebendig. Wunderschön!", rief Màire. Die junge Anführerin hielt die Maske vor das Gesicht. Sie passte perfekt!
„Wir haben jetzt Wölfe, Bären und Eber. Dann fehlen uns nur noch die Adler und Hirsche. Sollte uns hier tatsächlich jemand finden und angreifen, werden wir ihm einen gehörigen Schrecken einjagen", sagte Birog.

„Uaaah!" Brüllend sprang Artan auf die drei Frauen zu. Auf seinen Schultern saß der dreijährige Sòlas und lachte.
„Habt ihr mich erschreckt!", schimpfte Bearta. Ihr Ehemann küsste sie und stellte seinen Sohn auf den Boden. Sòlas lachte und schmiegte sich an ihren Bauch. Birog wandte sich an Artan: „Habt ihr etwas Ungewöhnliches entdeckt?"
Er schüttelte den Kopf. „Ich war heute mit Faolan an der Südgrenze. Alles ist ruhig. Sobald ich das kleine Ungetüm hier abgegeben habe, gehen wir nach Osten."
„Ich bin kein Ungetüm, ich bin ein Bär, uaaah", rief sein Sohn.
Die Druidin schmunzelte und verabschiedete sich.

Einige Nächte später weckte Faolan Birog und Màire.

„Sie sind da", flüsterte er. „Römer, zwanzig an der Zahl. Sie brennen unsere alte Siedlung nieder."

Leise weckte Màire die Dorfbewohner, während Birog einen Trank zur Stärkung ihrer Kampfkraft braute. Sie legten Waffen und Masken an und alle tranken aus der Schale. Im Licht des Feuers verwandelten sie sich in furchterregende Gestalten.

„Mögen die Götter uns beschützen", sagte Birog. Dann wandte sie sich an Bearta: „Warte hier mit den Kleinkindern und den anderen Schwangeren."

Artan wollte aufbegehren. Er konnte seine Frau und seinen Sohn nicht zurücklassen. Doch Bearta schüttelte den Kopf. „Geh mit ihnen. Wir sind hier sicher."

Der Morgen dämmerte bereits, als die kleine Gruppe den Rand des Waldes erreichte. Die Römer standen lachend vor den brennenden Häusern.

„Ich habe ihre Spur gefunden. Sie verstecken sich im Wald", sagte der Fährtensucher.

Sein Anführer lächelte. „Gut. Wenn wir hier fertig sind, greifen wir sie an."

Màire hatte genug gehört. Diese Bestien! Auf ihr Zeichen hin brach die Hölle los. Kreischend ritten sie ins Lager, schlugen auf ihre Feinde ein. Die Dorfbewohner schleuderten Steine, schwangen Peitschen, kämpften mit Schwertern und Äxten.

Die Römer umklammerten ängstlich ihre Waffen. Ungeheuer fielen über sie her! Waren es Menschen? Tiere? Zitternd stellten sie sich Seite an Seite, Rücken an Rücken. Eber, Adler, Wölfe, Hirsche und Bären – diese Kreaturen brachten ihnen mit leuchtend roten Augen und schrillen Stimmen den Tod. Ein Römer nach dem anderen fiel.
Die Sonne stand bereits hoch am Himmel, als der Kampf endlich vorüber war. Ein verletzter Römer öffnete die Augen. „Frauen und Alte", flüsterte er fassungslos. Dann starb auch er.

Entsetzt blickten sich die Dorfbewohner um. Die Lichtung war übersät mit Toten. Es war wie in einem Albtraum. Zum Glück war keiner von den eigenen Leuten ernsthaft verletzt!

Mit zitternden Händen nahmen sie den Römern Waffen, Helme und Kleider ab und errichteten in den zerstörten Häusern Scheiterhaufen, auf denen sie die Toten verbrannten.
„Jeder wird glauben, dass wir es waren, die hier verbrannt sind. Artan und Faolan, verwischt unsere Spuren. Wir kehren in den Wald zurück", befahl Màire.

Zuhause in ihrem Zelt sagte Birog zu Màire: „Du hast sie auch gesehen, nicht wahr?"
Die junge Frau nickte. „Die fünf Reiter? Ja. Wer waren sie?"
„Die Götter Esus, Taranis, Teutates, Cernunnos und Lug waren heute an unserer Seite. Morgen werden wir ihnen unsere schönsten Tiere opfern und ein großes Fest feiern", sagte die Druidin.
Und so geschah es.

IKUNA Donausagenpark mit keltischem Baumkreis bei Nacht

Der Schädelkult – keltische Kopfjäger

WUSSTEN SIE, DASS ...

… viele Kelten Kopfjäger waren? Sie glaubten, dass Seele, Persönlichkeit und Kraft eines Menschen in dessen Schädel saßen. Deshalb enthaupteten die Krieger ihre Gegner und nahmen deren Köpfe mit nach Hause.
Dabei hofften sie, dass die Kraft der Feinde auf sie überging. Manche Krieger fertigten aus dem Schädel einen Becher an und ließen die Gäste daraus trinken. Dabei erzählten sie die Geschichte ihres Sieges.

Die Kelten schlugen auch die Köpfe der eigenen Gefallenen ab, um diese vor dem Feind in Sicherheit zu bringen.

Die Rückkehr

Die Schlacht dauerte bereits mehrere Tage. Seite an Seite kämpften die Stämme, allen voran Dannons Gruppe. Stolz blickte der Anführer auf seine Krieger. Sie hatten ihren Feinden das Fürchten gelehrt! Die Römer waren zwar besser gerüstet, aber die Kelten waren mutiger, waren wilder als alle anderen Kämpfer.

Obwohl die Krieger erschöpft waren, zeigten sie keine Schwäche. Sie hieben mit den Schwertern auf ihre Feinde ein, verteidigten sich mit Schilden und Speeren. Der Klang der goldenen Harfe legte sich über die Menschen. Er stärkte die Kelten und saugte die Kraft aus den Armen der Römer. Zum Glück hatten sie Taog! Von Ébha beschützt, saß er mit halbgeschlossenen Augen auf seinem Pferd. Seine Fingerkuppen waren bereits blutig vom wilden Spiel.

Plötzlich schrie Ébha. Entsetzt blickte sie auf den Römer, der sich unbemerkt angeschlichen hatte. Sie sprang auf ihn zu und schwang das Schwert. Doch es war zu spät. Der Speer des Feindes sauste durch die Luft und traf Taog in die Brust. Wutentbrannt tötete Ébha den Angreifer mit einem einzigen Hieb.

Das letzte, das Taog sah, waren die Wachskügelchen, mit denen der fremde Krieger seine Ohren verstopft hatte. So hatte er sich vor dem mächtigen Klang der Harfe geschützt.
Weinend ließ Ébha das Schwert fallen und warf sich über Taog. Sie nahm nichts anderes mehr wahr, sah nur noch ihren toten Geliebten. Um sie herum tobte der Kampf. Ohne Gnade schlugen die Römer auf ihre Gegner ein. Die Kelten kämpften ums Überleben, nahmen all ihre Kraft zusammen. Ihre wilden Schreie waren weithin zu hören. Doch ohne Taogs Spiel waren sie verloren.

Als die Sonne unterging, zogen die Feinde ab. Über dem Schlachtfeld kreisten die Vögel des Kriegsgottes Esus. Die Krähen ließen sich auf den Toten und Verwundeten nieder, pickten nach ihrem Fleisch.
Darach legte seine Hand auf Ébhas Schulter. Die junge Frau musterte ihn und erschrak. Sein weißes Gewand war zerrissen, voller Blut und Erde. „Wir müssen unsere Toten verbrennen", sagte er sanft.

„Wie … wie viele von uns haben überlebt?", fragte sie.
„Nicht viele. Nur eine Handvoll", antwortete der Druide. „Komm!"
„Nein, ich bleibe bei ihm!", schrie Ébha.
Mit schweren Schritten entfernte sich Darach, während sie sich wieder über Taog beugte.

Die verbliebenen Krieger sammelten Holz und häuften es auf. Dann legten sie die Toten auf die Scheiterhaufen.
„Es ist so weit", sagte Darach. „Du musst ihn loslassen."
Ébha nahm ihren toten Geliebten auf die Arme, legte ihn auf den Scheiterhaufen und entzündete das Holz. Schweigend blickten die Überlebenden in die Flammen.
Darach stimmte das Totenlied an. Vor seinen Augen lösten sich die Seelen der Krieger von den toten Körpern. Der Druide begleitete sie bis zum Eingang in die Andere Welt. Die Kämpfer drehten sich noch einmal um und nickten ihm zum Abschied zu.
„Wir sehen uns in einem anderen Leben", sagte Darach. Dann verblassten die Gestalten.

Die Scheiterhaufen brannten lange. Als die Glut endlich erloschen war, holte der Druide die Knochen aus der Asche und verwahrte sie in leinenen Säckchen. Dann brachen sie in Richtung Heimat auf.

Viele Tage später führten Artan und Faolan die kleine Gruppe auf die Lichtung. Mit Tränen in den Augen umarmte Màire ihre Freundin, die sich nur mühsam auf den Beinen hielt.
„Ich habe seine Harfe mitgebracht", flüsterte Ébha. „Sie spricht zu mir. Tröstet mich mit ihrem Klang. Ich bin die Einzige, die sie spielen kann. Bei allen anderen schweigt sie, selbst bei Darach."

Die Dorfbewohner hoben dreißig Gräber aus. Zu den Knochen der gefallenen Krieger legten sie Fleisch, Teller, Trinkbecher, Schmuck und Waffen. Birog und Darach sangen die Totenlieder. Dann gingen die beiden in den Wald. Vorsichtig gruben sie junge Baumschösslinge aus und pflanzten sie liebevoll auf die Gräber. Zum Abschluss feierten sie ein Fest zu Ehren der Toten. Sie priesen ihre Heldentaten, ihren Mut und ihre Kraft.

Mehr als zweitausend Jahre sind seither vergangen. Längst ist das Geräusch der Pferdehufe verklungen, der Klang der goldenen Harfe verstummt. Das Volk der Kelten hat sich verstreut, ist aufgegangen in anderen Kulturen. Die einst so dichten Wälder wichen den Siedlungen der heutigen Zeit.

Doch wenn du ganz still bist, wenn du die Wange an die raue Rinde eines Baumes legst und dem Rauschen der Blätter lauschst, dann kannst du ihre Geschichten immer noch hören.
Im Plätschern der Quelle vernimmst du ihr Lachen.
Mit den Düften der Räucherstoffe beschwörst du die Erinnerung an alte Zeiten.
Und vielleicht begegnest du eines Tages der wunderschönen Herrscherin des Donaustromes, der uralten Göttin Danu.

Glossar

Anderswelt = Die Kelten glaubten an eine sogenannte Anderswelt, mit der Möglichkeit der Wiedergeburt. Heilige Quellen, Höhlen, Berggipfel oder Wackelsteine bildeten die Übergänge zwischen der Welt der Lebenden und der Welt der Verstorbenen. Den Druiden war die Gabe gegeben, zwischen diesen beiden Welten zu „reisen". Zu den wichtigsten Festen der Kelten Samhain (Halloween) am 31. Oktober oder am Vorabend zum 1. Mai (Beltane) waren, nach den Vorstellungen der Kelten, die Tore zwischen den beiden Welten offen.

Barde = Geschichtenerzähler und Sänger. Da bei den antiken Kelten ein Schrifttabu herrschte, wurden Erzählungen und Überlieferungen mündlich, zumeist in Reimform und mit einer musikalischen Untermalung durch eine Harfe weitergegeben. Aus dieser Tradition entwickelten sich im Mittelalter die Minnesänger, die von Hof zu Hof zogen und mit Liedern und Gedichten Geschichte erzählten.

Cernunnos = Naturgott der Kelten, der als gehörnter Gott mit einem Hirschgeweih dargestellt wird. Er gilt als Gott der Wildtiere.

Danu = keltische Wassergöttin, die auch im Flussnamen Donau vorkommt.

Donau = Der Name des zweitlängsten Flusses Europas leitet sich ebenfalls aus dem Keltischen ab: „Dona aw" bedeutet „tiefes Wasser", oder „Donavv" steht für „zwei Wasser". Die Donau wird von zwei Quellflüssen, der Brigach und der Breg gespeist.

Druide = umfassend gebildeter „Priester" oder „Schamane", der eine überragende Stellung in der Hierarchie der keltischen Gesellschaft hatte. Er verfügte über Heilwissen, war rechtskundig und konnte Streit schlichten. Dem Spruch der Druiden mussten sich auch die Führer der keltischen Stämme unterwerfen. Die Darstellung des Druiden Miraculix in den Asterix-Comics entspricht sehr gut den überlieferten Berichten römischer Historiker. Die Verehrung der heilkräftigen Mistel, und das Ernten durch den Druiden mittels einer goldenen Sichel, entspricht exakt historischen Beschreibungen. Alle kultischen Handlungen wurden durch und unter Anleitung der Druiden durchgeführt.

Esus = einer der drei gallischen Hauptgottheiten neben Teutates und Taranis. Er galt als Gott des Handels und der Wege, teilweise wurde er auch als Kriegsgott verehrt.

Feste = Die Kelten teilten das Jahr in zwei Hälften, eine helle Jahreszeit, die mit dem Fest Beltane am 30. April / 1. Mai begann und mit Samhain-Halloween-(Allerheiligen) am 31. Oktober endete. Hier begann die dunkle Jahreszeit im keltischen Jahreslauf. Auch die Wintersonnenwende (Yule) und die Sommersonnenwende (Litha) wurden mit Opferfesten und ausgelassenen Festlichkeiten, bei denen auch reichlich Met und Bier konsumiert wurden, begangen.
Besondere Bedeutung, bis heute, haben die Raunächte, die 12 Tage zwischen der Wintersonnenwende am 21. Dezember und dem 6. Jänner. Diese Tage werden als rechnerische Differenz zwischen dem Sonnen- und Mondjahr angesehen – stehen sozusagen „zwischen den Jahren". Die Räucherbräuche im Ostalpenraum in den Rau(ch)nächten sind keltischen Ursprungs. Die drei Bethen Wilbeth (Catharina), Ambeth (Margarete) und Borbeth (Barbara) und auch die Perchten waren weibliche Schutzgöttinnen der Kelten. Sie sorgten für Fruchtbarkeit, schenkten Leben und beendeten es auch wieder. Ihre Schutzzeichen C+M+B – überlagert von den christlichen Symbolen für die Heiligen Drei Könige – werden heute noch über den Hauseingängen angebracht.

Kelten = Ist ein Sammelbegriff für eine Kultur, die sich im 1. vorchristlichen Jahrtausend von Westeuropa über die Alpen und den Balkan bis nach Kleinasien erstreckte. Die keltischen Stämme waren untereinander nur lose durch gleiche oder ähnliche Glaubensvorstellungen, sowie eine ähnliche Sprache verbunden. Sie bildeten kein größeres einheitliches Staatenwesen aus, was es den Römern unter Caesar erlaubte die einzelnen, zumeist untereinander zerstrittenen Stämme im Gallischen Krieg zu unterwerfen. Ein halbes Jahrhundert später gelangte das keltische Königreich Norikum, das einen Großteil des heutigen Österreichs umfasste, als Provinz Noricum unter römische Herrschaft. Die Kelten waren die „Herren der Eisenzeit" mit einer ersten Blütezeit um 800 – 500 v. Chr. Zentren keltischer Kultur im Alpenraum waren Hallstatt, Dürrnstein bei Hallein, der Voralpenbereich und in der Schweiz das Gebiet um La Tenè am Neuwaldstättersee. Die Fundorte gaben der Epoche der Eisenzeit ihren Namen. Man spricht von Hallstatt- und La Tenè Kultur.

Lug = „der Leuchtende" oder der „Krieger" war eine keltische Gottheit.

Mythologie der Kelten = Die Glaubensvorstellung der keltischen Stämme wurde beherrscht von Naturgöttern. Anders als die Feinde der Kelten, die Römer, glaubten die keltischen Krieger an die Seelenwanderung. Dadurch fürchteten sie den Tod nicht, was ihren sprichwörtlichen Mut im Kampf erklärt. Flüsse, Berge, Höhlen und Bäume waren in ihren Glaubensvorstellungen göttliche Wesen, die mit Opfergaben – bis hin zu Menschenopfern – geehrt wurden. Als Vermittler zwischen den Göttern und den Menschen fungierten die Druiden, deren Ausbildung 20 Jahre dauern konnte. In der Frühzeit der keltischen Kultur kann man von einer eher weiblich geprägten Götterverehrung ausgehen, die erst später durch männliche Gottheiten verdrängt wurden. Da uns schriftliche Aufzeichnungen der Kelten selbst fehlen, sind wir bei allen Interpretationen auf griechische und römische Historiker angewiesen, die nicht immer den Sinn von kultischen

Handlungen exakt wiedergeben konnten. Vor allem fehlte diesen „feindlichen" Berichterstattern zumeist der tiefere Sinn mythologischer Vorstellungen. Aus den archäologischen Funden und Grabbeigaben in den sogenannten Fürstengräbern lassen sich leider auch nicht alle Gottesvorstellungen restlos klären. Es bleiben daher noch viele ungelöste Fragen zu dieser rätselhaften Kultur.

Die wichtigsten Götter der keltischen Mythologie waren Lug, Teutates, Cernunnos, Esus und Taranis. Caesar berichtet, dass Teutates, der Kriegsgott, der Hauptgott zumindest der gallischen Kelten gewesen wäre.

Aus den Asterix-Heften kennen wir die Vorstellung bzw. die Angst, dass ihnen „der Himmel auf den Kopf fällt". Griechische Historiker berichteten bei einem Treffen mit Abgesandten Alexander des Großen um 335 v. Chr. davon.

Im Zuge der Missionierung des Alpenraums durch iro-keltische Mönche, wurden viele Heiligtümer, Kultstätten, Wallfahrtsorte oder heidnische Gottheiten durch christliche Märtyrer und Heilige „überlagert". Es war ein bewährtes Mittel, um der ansässigen Bevölkerung ihren Volksglauben belassen zu können und die Glaubensvorstellungen christlich umzudeuten. Diese Mönche aus Irland waren mit der keltischen Mythologie, Tradition und Leben durchaus vertraut, da sich auf den weit vom Festland entfernten und niemals von den Römern besetzten Inseln die keltische Kultur erhalten konnte und sich dort mit dem frühen Christentum verband. In den Märchen und vor allem den Sagen des Alpenraumes haben sich viele dieser ursprünglich keltischen Erzählungen und Mythen erhalten. Wenn man näher hinsieht, sind diese keltischen Wurzeln leicht zu erkennen.

Taranis = der keltische Gott des Wetters, des Donners und des Himmels war eine der wichtigsten Hauptgottheiten.

Teutates = keltischer Stammgott, wurde von den Römern mit ihrem Kriegsgott Mars verglichen.

Quellenangaben

Kelten
Kelten, Helmut Birkhan, Verlag der Österreichischen Akademie der
    Wissenschaften, 1997
Die Kelten in Mitteleuropa, Salzburger Landesausstellung im Keltenmuseum Hallein, Amt
    der Salzburger Landesregierung, 1980
Die Pflanzen der Kelten, Wolf-Dieter Storl, AT Verlag, 2001
Unser keltisches Erbe, Inge Resch-Rauter, Teletooledition, 1998
www.waldwissen.net
www.daracha.org

Die Wackelsteine
Runen – Das Orakel der Germanen, Orbis Verlag, 2001
www.steine-und-minerale.de
Natternbacher Wackelstein-Sage: www.sagen.at

Der Werwolf
Werwölfe und Tierverwandlungen im Mittelalter, Dr. Rudolf Leubuscher,
    Bohmeier Verlag, 2008

Glossar
Mag. Michael Hlatky

Claudia Edermayer, geboren 1969, wohnt in Linz-Urfahr.
Nach der Matura war sie in den USA und besuchte anschließend das Fremdenverkehrskolleg. Sie war für kurze Zeit Eisverkäuferin, Kellnerin und Tellerwäscherin, arbeitete drei Jahre im Reisebüro und begleitete sechs Jahre Menschen mit besonderen Bedürfnissen. Seit 1996 erzählt sie Märchen und Sagen aus aller Welt, seit 2001 ist sie hauptberuflich Märchenerzählerin und Autorin. Neben Kinderbüchern und Kurzgeschichten schreibt sie vor allem Theaterstücke.

In ihrem Verlag „Edition Drachenperle" erschienen neben dem Bilderbuch „Bibbo" und dem Kinderbuch „Zwölf und das verlorene Elfenlicht" auch zwei Kindermagazine und eine Märchen-CD.
Im Kehrwasser Verlag wurde 2016 das Buch „Sagenhafte Donauwelt – Donausagen neu erzählt für Erwachsene" veröffentlicht.
Mehr über die Autorin finden Sie auf: www.maerchenzauber.com

ISBN 978-3-99024-683-2

Asterix und Obelix, der Druide Miraculix und die anderen mutigen Gallier, die wir aus den bekannten Comic-Heften kennen, waren Kelten und damit unsere direkten Vorfahren. Aber wie lebten sie wirklich? An was glaubten sie? Wie war ihre Beziehung zu den Bäumen? Welche Gottheiten verehrten sie und was hat sich in Sagen und Überlieferungen bis in unsere Zeit erhalten?

Das vorliegende Buch gibt einen kurzen Überblick über die Lebenswelt der Kelten, ihre Kultur, ihre Götterwelt und ihre Glaubensvorstellungen. Dabei wird das besondere Verhältnis der keltischen Stämme zu den Bäumen erklärt und auf diese Bäume, als Teil eines keltischen Baumhoroskopes, näher eingegangen.

Familienurlaub bei IKUNA

Das IKUNA Naturresort im oberösterreichischen Natternbach, inmitten von Wiesen, Wäldern und nahe der Donau gelegen, kann etwas wirklich Besonderes bieten:

Einen naturnahen Erlebnispark für Kinder und Jugendliche, ein Restaurant mit regionalen Spezialitäten und Übernachtungen im österreichweit einzigartigen 4-Sterne-Tipihotel.

IKUNA Naturresort GmbH
Naturpfad 1
A-4723 Natternbach
www.ikuna.at

Bildverzeichnis
Porträt Claudia Edermayer von Peter Hamader
Fotograf der Skulpturen ist Alex Mannigatterer
Michael Hlatky hat zwei Bilder auf Seite 82 beigesteuert

Besuchen Sie uns im Internet: www.kral-verlag.at

Impressum
© 2017 by Kral GmbH, Kral Verlag, Inh. Robert Ivancich
J. F. Kennedyplatz 2, A-2560 Berndorf
1. Auflage 2017

Gesamtherstellung: Verlagsagentur Mag. Michael Hlatky
Lektorat: Julia Hanauer, www.lektorat-hanauer.de
Grafik: Andrea Malek, Malanda-Buchdesign, Graz
Druck: finidr, Czech Republic

ISBN: 978-3-99024-697-9
Alle Rechte vorbehalten